Heinz Stade

Schlösser- & Burgenland zwischen Saale und Unstrut

Rhino Westentaschen-Bibliothek
Band 100

Sachsen-Anhalt
Sachsen
Thüringen
Querfurt
Lodersleben
Merseburg
Sachsenburg
Kannawurf
Vitzenburg
Freyburg
Goseck
Weißenfels
Naumburg
Eckartsberga
Bad Kösen
Bad Langensalza
Auerstedt
Camburg
Dornburg
Zeitz
Haynsburg
Weiße Elster
Saale
Unstrut
Saale

Heinz Stade

SCHLÖSSER- & BURGENLAND

zwischen Saale und Unstrut

RHINOVERLAG

Titel: Freyburg, Die Neuenburg, LianeM (AdobeStock)

S. 2: Verlag *grünes herz*

Fotos: Lutz Gebhardt außer Seiten 34, 50/51, 54/55, 57, 58, 72, 80, 82: Heinz Stade; Seiten 9, 11, 12, 26, 29, 31, 46: Anette Cotta; Seite 19: © Maik Angermüller, Bad Langensalza; Seite 20: © Bildarchiv BUGA 2021, Erfurt GmbH; Seite 43: Paul Wolff CC0; Seite 52: Lithographie von Carl Wilhelm Arldt (1809–1868); Seite 60: Künstlerhaus Thüringen e.V.; Seiten 62/63: Lodersleben Verwaltungs-GmbH; Seiten 68/69: Erwin Meier, CC BY-SA 4.0; Seite 76: Uwe-Chico, CC BY-SA 4.0; Seite 81: Sammlung Duncker; Seite 85: ©SCHAU! Multimedia (1); Seite 86: © Stadt Weißenfels; Seite 90/91: Uwe Rieschel, CC BY-SA 4.0

Impressum

© 2024 RhinoVerlag Dr. Lutz Gebhardt & Söhne GmbH & Co. KG
Am Hang 27, 98693 Ilmenau
Tel.: 03677 / 46628-0, Fax: 03677 / 46628-80
www.RhinoVerlag.de

Layout, Satz: Ute Schmidt, Geraberg
Schrift: Garamond Premier Pro
Titelgestaltung: Jana Rogge, Weimar

1. Auflage 2024

ISBN: 978-3-95560-100-3

INHALTSVERZEICHNIS

VORWORT

Saale-Unstrut, die zwischen Sachsen-Anhalt und Thüringen sich ausdehnende Region, ist Dank auch des seit 1000 Jahren betriebenen Weinanbaus quasi in aller Munde. Gleichwohl ist das zwischen den Flüssen Saale, Unstrut und Weißer Elster gelegene, sonnenreiche Weinanbaugebiet förmlich gespickt mit lieblichen Landschaften, historischen Orten, architektonischen Schätzen, gelebtem Brauchtum und einer lebendigen Kultur. Aus dieser Fülle von Anlässen für touristische Unternehmungen zu Fuß, per Fahrrad oder auch auf dem Wasser, haben wir für dieses Büchlein allein Burgen und Schlösser ausgewählt. Selbst davon gibt es in dieser Region eine so große Anzahl, dass bei angestrebter Vollständigkeit mehrere Bücher dieser Art vonnöten wären. Die für dieses eine Buch entstandenen Kurzporträts von Burgen und Schlössern stellen daher eine Auswahl dar. Manche der vorgestellten Sehenswürdigkeiten, wie etwa die Neuenburg bei Freyburg oder die „Filmburg" Querfurt sind weithin bekannt. Andere wie beispielsweise die Haynsburg bei Zeitz oder das Künstlerschloss Kannawurf warten darauf, von einem großen Publikum entdeckt zu werden. Auf geht's und hereinspaziert rufe ich gern allen zu, die sich auf den Weg machen wollen. Die touristischen Leitwege „Straße der Romanik", „Weinstraße Saale-Unstrut" oder „Blaues Band" sind dabei hilfreiche Begleiter. Um da oder dort, dann oder wann, jedoch nicht vor verschlossenen Toren stehen zu müssen, sei aber auch ein Einholen von Informationen zu Öffnungszeiten und Besichtigungsmöglichkeiten vorab empfohlen.

Heinz Stade

Schloss Auerstedt findet man in der „Toskana des Ostens".

AUERSTEDT
Das Schloss

Die heute als Weimarer Land geläufige Region und die Umgebung von Jena erinnern daran, dass hier im Herbst 1806 die Truppen von Kaiser Napoleon die Armeen Preußens vernichtend geschlagen haben. Orte wie Apolda, Erfurt, Hassenhausen, Jena, Weimar oder eben auch Auerstedt erlangten dereinst traurigen Ruhm als Schlachtfeld oder Durchzugsgebiet der Truppen. Das nach Angaben der Ortschronik im Jahr 1522 erbaute Schloss Auerstedt erinnert an die Ereignisse von 1806 besonders. „So hat's seit vier und dreißig Jahren / In unsrem Orte siebenmal gebrannt / Ja dieser Ort hat viel erfahren / Durch eines harten Schicksals Hand." Zimmergeselle Carl Kodritsch war es, der im September 1840 dies in seiner „Giebelrede" reimte. Vorgetragen hat er das mehrseitige Werk anlässlich der „Errichtung des neuen Daches des durch den großen Brand am 18. April 1840 in Asche gelegten herrschaftlichen Schlosses".

Im Innenhof von Schloss Auerstedt

Jahrzehnte davor, exakt am 14. Oktober 1806, stand das heute über 400 Einwohner zählende Dorf und seine Umgebung in vom Krieg ausgelösten Flammen. Parallel zur Schlacht bei Jena standen sich hier französische und preußische Truppen gegenüber – unerwartet und im dichten Nebel. Rund 35.000 Tote und Verwundete kostete beide Seiten die Schlacht, die mittags entschieden war. „Man versäumte, die 18.000 Mann Reserve des Generals Kalckreuth zu gebrauchen, um die Schlacht zu wenden, die unter

Die Sopraporte über dem Schlosseingang symbolisiert die einstigen Erwerbszweige: Viehzucht, Ackerbau, Fisch- und Bienenzucht.

diesen Umständen unmöglich zu verlieren war", resümierte später der Militärtheoretiker Carl von Clausewitz. Ein Hauptquartier der preußisch-sächsischen Truppen befand sich in Schloss Auerstedt.
Zwei Jahre nach der Schlacht fand in Erfurt mit dem europäischen Fürstenkongress ein wichtiges politisches Ereignis der napoleonischen Zeit statt. Herzog August von Sachsen-Gotha-Altenburg ließ dazu den siegreichen Kriegsherren als Zeichen der Ergebenheit in seiner Staatskarosse abholen. Diese Kugelkutsche, zahlreiche weitere historische Kutschenwagen sowie Exponate zur Geschichte des dörflichen Lebens und zum Thüringer Brauchtum sind in der dem Schloss zugehörigen „Museenwelt" auf Anmeldung mit Führung zu besichtigen.
Vor oder nach dem Ausflug in die Geschichte lohnt eine Einkehr in das Restaurant & Museumscafé „Reinhardt's im Schloss". Mit seinem außergewöhnlichen Ambiente und seiner feinen Küche zählt das Schlossrestaurant zu den ersten Genießer-Adressen im Weimarer Land. Oder man schlägt in Auerstedt sein „Biwak" auf, denn übernachten kann man in diesen historischen Gemäuern auch.

BAD KÖSEN
Burg Saaleck & die Rudelsburg

Das bis heute zur Sole-Kur einladende Kleinstädtchen war über Generationen eine einträgliche Hochburg der Saaleflößerei. Der Dichter Johann Wolfgang von Goethe erlebte den an diesem Umschlagplatz jährlich abgehaltenen „Holzmarkt“ im April 1813 mit und berichtete später seinem Berliner Freund Carl Friedrich Zelter davon. Er melde sich von Kösen, „wo künftige Stadt- und Landgebäude zu hunderten roh auf dem Wasser schweben.“ An diesen einstigen Wirt-

Schon die Romantiker stellten im frühen 19. Jahrhundert fest: Die schönste unter den Saaleburgen ist die Rudelsburg.

schaftszweig erinnernde Zeugnisse lassen sich bis heute in Bad Kösen und Umgebung finden.
Seit hunderten von Jahren zieht es Jung und Alt aber vor allem zu den nahe Bad Kösen sich erhebenden Burgen Saaleck und Rudelsburg. Dass dieses aus dem Hochmittelalter stammende Duo zu einem Symbol

der deutschen Burgenromantik schlechthin avancierte, hatte ganz sicher nichts mit einer besonderen Bauweise zu tun. Es war vor allem junges studentisches und intellektuelles Volk, das an den Unis und Hohen Schulen von Leipzig, Jena oder Halle sich ausbilden ließ und in freier Zeit zu diesem schönen Flecken

---

Burg Saaleck: Baubeginn Anfang des 12. Jahrhunderts, nach 1585 verlassen.

Erde pilgerte „zum Schwärmen und zum Trinken", wie es Hermann Allmers nach dem Besuch beider Burgen 1845 im Gedicht „Die Rudelsburg" besang. Bereits 1826 hatte der Student und spätere Kunsthistoriker Franz Kugler hier die zum Volkslied gewordenen Verse „An der Saale hellem Strande / Stehen Burgen stolz und kühn" verfasst.

Im Hof der auch gastronomisch einladenden Rudelsburg erinnert eine von Besuchern der Burg gestiftete Gedenktafel mit Bildmedaillon daran. Der Philosoph und Schriftsteller Friedrich Nietzsche wanderte seinem nahegelegenen Gymnasium Schulpforte mit Freunden im Jahr 1858 zu den beiden Burgen und hielt danach fest: „Die Saaleck liegt so traurig / Dort oben im öden Gestein. / Wenn ich sie sehe, so schaudert's / Mir tief in die Seele hinein."

Das sich am Fuße der Burgen zwischen Großheringen und Bad Kösen malerisch ausbreitende Saaletal war mehrfach Filmkulisse – so auch 1964 für den Spielfilm „Mir nach, Canaillen!" mit Manfred Krug in der Hauptrolle.

BAD LANGENSALZA
Friederikenschlösschen & Schloss Dryburg

Durch Langensalza, das den Status „Bad" seit 1956 trägt, fließt die im nahen Ufhoven entspringende Salza. Etwa zwei Kilometer östlich der Stadt mündet diese in die Unstrut. Johann Wolfgang Goethe, der hier im Juni 1801 durchreiste und „zwecks eigener Anschauung" nachvollziehen wollte, wovon er von anderen schon gehört hatte, empfand das Ackerbürgerstädtchen als eine „alte aber doch reinliche Stadt. Die Häuser nach der alten Manier gebaut, nämlich es stößt immer ein Stockwerk vor dem anderen hervor", wie er in seinem Tagebuch notierte. Trotz mehrerer Stadtbrände über die Zeiten, ist die Altstadt von Bad Langensalza bis heute außerordentlich reich an historischen Bauwerken, weswegen sie komplett unter Denkmalschutz steht. Neben diesem Schatz beeindruckt die Stadt mit einer

Vielfalt von Gärten und Parks: Apothekergarten, Arboretum, Japanischer Garten, Rosengarten und weitere Themengärten lohnen den Ausflug in die „Blühendste Stadt Europas" des Jahres 2011.
In ihrer über eintausendjährigen Geschichte wurde die Stadt von mehreren Besitzerwechseln geprägt. Im

---

Friederike von Sachsen-Weißenfels ließ sich 1749–51 ein Schlösschen bauen.

17. und 18. Jahrhundert waren es die herzoglichen Häuser Sachsen-Gotha-Altenburg und Sachsen-Weißenfels, die hier Spuren hinterlassen haben. Zwei bis heute sichtbare Zeugen jener Zeit sind Schloss Dryburg und das Friederikenschlösschen. Das aus einer mittelalterlichen Kernburg hervorgegangene Schloss Dryburg gilt heute als das älteste erhaltene, komplett

Das Friedrikenschlösschen ist ein stilvoller Ort der Kultur.

aus Stein gemauerte Profangebäude der Stadt. Zwischen 1694 und 1720 wurde dieses Anwesen zum Witwensitz des Herzogtums Sachsen-Weißenfels umgestaltet und der bis heute erhaltene Fachwerk-Südflügel errichtet.

Die 1715 in Gotha geborene Friederike von Sachsen-Gotha war mit dem Herzog Johann Adolph II. von Sachsen-Weißenfels verheiratet. Nach dessen Tod im Jahr 1746 bezog sie Schloss Dryburg in Langensalza. Nur wenige Jahre nach ihrer Ankunft ließ sie vor den Toren der Stadt die Friederikenschlösschen genannte Sommerresidenz errichten. Deren farbig gefasstes Allianzwappen über der Eingangstür erinnert an die Verbindung der beiden herzoglichen Häuser. Das von einem etwa einen Hektar großen Park gerahmte barocke Anwesen ist ein historisches Kleinod. Als Ort für Konzerte, Lesungen, Tagungen und Hochzeiten beispielsweise, knüpft die Gegenwart an die einstige Bestimmung als Lustschloss stilvoll an.

CAMBURG
Die Camburg

Camburg? Gibt es da nicht im unweit entfernten Naumburger Dom eine Stifterfigur dieses Namens? Es ist Wilhelm von Camburg, der in diesem romanischen Kirchenbau seit Mitte des 13. Jahrhunderts zu bestaunen ist.

Das in der Mitte zwischen den Saalestädten Jena und Naumburg gelegene Camburg macht schon von weitem durch den sich über dem thüringischen Städtchen erhebenden Bergfried der einstigen Grafenburg aufmerksam. Das über 30 Meter hohe Bauwerk aus Muschelkalkquadern erin-

Strahlt mit hellem Muschelkalk
weit über die Saale
ins Land – die Camburg.

nert markant an die Entstehungszeit der Burganlage Mitte des 12. Jahrhunderts. Im Sächsischen Bruderkrieg (1451) war die Burg weitgehend zerstört worden. Was neben dem erhalten gebliebenen Bergfried heute zu sehen und zu erleben ist, sind Bauten aus den 1930er-Jahren. Als Jugendherberge, Studentenwohnheim und Museum wurden Teile davon über

die Zeiten genutzt. Heute ist die Camburg ein Ausflugs- und Veranstaltungsort mit Strahlkraft in das Saale-Unstrut-Gebiet und darüber hinaus.
Der begehbare Bergfried ist im Inneren erlebnisreich gestaltet. Oben angekommen, bietet sich ein wunderbarer Blick auf das Gesamtareal der einstigen mittelalterlichen Burganlage und auf das beiderseits des großen Saalebogens gewachsene Städtchen Camburg. Nachvollziehen lässt sich aus dieser Perspektive auch, warum Goethe bei einem Ritt durch diese Gegend von „anmutigen Aussichten vorwärts und rückwärts“ schwärmte.
Wer den Fußweg zur Burg vom Parkplatz an der Saale aus nimmt, kommt vor den nach oben führenden Steintreppen an einem historischen Kleinod hölzerner Brückenbaukunst vorbei: der Hausbrücke. Sie schafft seit dem beginnenden 18. Jahrhundert eine Verbindung der Altstadt zu einer kleinen Insel, die ein von der Saale abzweigender Flussarm (Lache) geschaffen hat. Das denkmalpflegerisch wiederhergestellte überdachte und verschließbare Brücklein, ist drei Meter breit, 18 Meter lang und für einen kurzen Stopp auf dem Weg zur Burg sehr zu empfehlen.

DORNBURG
Die Dornburger Schlösser

„Da sah ich vor mir auf schroffer Felskante eine Reihe einzelner Schlösser, in den verschiedensten Zeiten erbaut, zu den verschiedensten Zwecken errichtet." So erlebte Goethe das nur wenige Kilometer von Jena entfernte Dornburger Schlossensemble bei einer ersten Begegnung vom Saaletal aus. Tatsächlich war hier über Generationen der Herzöge von Sachsen-Weimar-Eisenach eine mit wechselnden Ansprüchen belegte Sommerresidenz entstanden. Die Gesamtanlage gibt es seit frühestens 1824, als der Großherzog das später als Renaissanceschloss bezeichnete Schloss erwarb. Vorher gehörte dem Herzogshaus nur das Rokoko- und das Alte Schloss. Für die erstmalige Nutzung des Rokokoschlosses, das bis dato nur eine Art Investruine war, machte sich Goethe beim Herzog bereits Ende des 18. Jh. stark. Nach einer kurzen Verpachtung wurde es Anfang des 19. Jahrhunderts als Sommerresidenz eingerichtet und damit erstmals genutzt. Goethe zog sich nach dem Tod des Großherzogs seit 1828 hierher zurück, um Abstand und Ruhe vom Alltag in Weimar zu erhalten.

Das nach umfassender Sanierung seit 2004 als modernes Tagungszentrum fungierende Alte Schloss bekam sein heutiges harmonisches Aussehen in der

Mitte des 16. Jahrhunderts. Von außen wirkend wie aus einem Guss, sind hinter der Fassade beispielsweise ein Bergfried aus dem 12. Jahrhundert, eine spätmittelalterliche Kemenate sowie Säle und Holzdecken der Renaissance zu entdecken.

„Freudig trete herein und froh entferne dich wieder! / Ziehst du als Wandrer vorbei, segne die Pfade dir Gott!“ An dem um 1600 zunächst als Gutsherrenhaus errichteten heutigen Renaissanceschloss steht diese Inschrift, deren Übersetzung aus dem Lateinischen wir Goethe verdanken. Eine rundum „prächtige Ausführung“ bescheinigte der Kunsthistoriker Paul Lehfeldt dem zweigeschossigen Bauwerk mit seinen Zwerchhäusern und Nischenportal. 1824 kaufte Großherzog Carl August das Gebäude und ließ es innen zu seiner persönlichen Nutzung herrichten. In der Bergstube des seit langem museal genutzten Hauses lebte und arbeitete während seiner vielen Aufenthalte in Dornburg auch der mit dem Herzog freundschaftlich verbundene Dichter Goethe.

Drei Schlösser, drei Bauepochen – hier das jüngste, das Rokokoschlösschen.

Von verbindenden Gärten gesäumt, bildet das Rokokoschloss die glanzvolle Mitte der Gesamtanlage. Dieses Schloss war unter der Leitung von Thüringens bekanntestem Baumeister des späten Barock, Heinrich Krohne, in den Jahren 1736 bis 1741 entstanden. Kommt man von Dornburg her auf das Gebäude zu, präsentiert es sich als eher verspielter, eingeschossiger Pavillon. Die Hanglage phantasievoll nutzend, sind die Geschosse direkt von den Gartenterrassen aus zugänglich – das Obergeschoss über eine elegant geschwungene Freitreppe. Der barocke Festsaal mit seinem Stuckmarmor in kräftigen Farben, seitlich angeordneten Appartements im Stil des Rokoko und der mit viel Porzellan ausgestattete Speisesaal im Stil des Neorokoko erzählen von den wechselnden Umbauphasen des architektonischen Kleinods. Ganz anders dagegen die optische Wirkung des mittigen Schlosses aus der Tiefe des Tals. Mit drei Geschossen und einer Zierbastion suggeriert der im Kern rechteckige Baukörper eine gewaltige, militärischen Zwecken dienende Anlage.

Mit Rosenstöcken gesäumter Weg Richtung Altes Schloss.

Zu einer solchen Nutzung ist es jedoch nie gekommen.

„Die Aussicht ist herrlich und fröhlich, die Blumen blühen in den wohlunterhaltenen Gärten, die Traubengeländer sind reichlich behangen, und unter meinem Fenster seh ich einen wohlgediehenen Weinberg (...)", beschrieb Johann Wolfgang von Goethe 1828 die Schlossgärten. Auf einem Areal von zirka vier Hektar kann der Besucher mehrere Gärten entdecken: den Landschaftsgarten am Renaissanceschloss, den geometrisch gestalteten Garten vor dem Rokokoschloss sowie den Obst- und Grasegarten am Alten Schloss. Die Steilhänge zur Saale unterhalb der Schlösser wurden ab 1736 in Weinberge verwandelt. Erste Entwürfe für den Garten am Rokokoschloss stammen aus dem Jahr 1735/36. Zu Beginn des 19. Jahrhunderts kamen der Eschengang, der Teeplatz mit den „Acacien", der Rosenlaubengang und zahlreiche Rosenspaliere hinzu. Wie das gesamte Bauensemble sind auch die Schlossgärten ein besonderer Anziehungspunkt. Am meisten freilich im Sommer, wenn die Rosenkönigin zum Fest der Rose lädt und alles in schönster Blüte steht.

Früh, wenn Tal, Gebirg und Garten
Nebelschleiern sich enthüllen,
Und dem sehnlichsten Erwarten
Blumenkelche bunt sich füllen;

Wenn der Äther, Wolken tragend,
Mit dem klaren Tage streitet,
Und ein Ostwind, sie verjagend,
Blaue Sonnenbahn bereitet;

Dankst du dann, am Blick dich weidend,
Reiner Brust der Großen, Holden,
Wird die Sonne, rötlich scheidend,
Rings den Horizont vergolden.

J. W. v. Goethe

DORNBURG, September 1828

ECKARTSBERGA
Die Eckartsburg

Am Karsamstag (17. April) des Jahres 1813 verließ der 64-jährige Goethe früh um sechs Uhr „mit eigener Kutsch und Pferden“ sowie ausgestattet „mit einem preußischen Passe“ Weimar Richtung Leipzig. Nahe Umpferstedt begegnete ihm und den ihn begleitenden Schreiber „ein Regiment Husaren, ihre Hütten und Zelte fanden wir leer; es sah aus, als wenn der Krieg für immer von uns Abschied nehmen wollte.“ Kurz vor 10 Uhr langte man in Eckartsberga an. Unterwegs hatte

Fünf Jahre Gefangenschaft auf der Eckartsburg hatten Herzogin Anna von Österreich (1432–1462), immerhin Königstochter, im 30. Lebensjahr das Leben gekostet.

ihm sein Begleiter eine alte Geisterlegende erzählt – das „Thüringerwaldsmährchen" vom „getreuen Eckart", wie es in Goethes Tagebuch dieser Reise heißt. Und schnörkellos kurz folgt: „Gedicht gemacht. Der treue Eckart." In der Ballade über Eckart als Warner vor Unglücksgeistern ist u. a. zu lesen: „O wären wir weiter, o wär' ich zu Haus"! / Sie kommen. Da

kommt schon der nächtliche Graus". Allzu viel Zeit für die Burg und die von hier aus mögliche Sicht ins Thüringische hat er sich wohl nicht genommen, denn bereits um 11 Uhr war man in (Bad) Kösen und noch eine Stunde später in Naumburg. Östlich vor der um das Jahr 1000 vom Markgrafen Eckehart neu erbauten Burg auf dem Sachsenberg erinnert die 1936 aus

Goethebank vor der Eckartsburg

Stein errichtete runde „Goethebank“ an den Dichter und die hier von ihm verfasste Ballade.
Die aus Vorburg, Kernburg, zwei Höfen, den 22 beziehungsweise 36 Meter hohen Bergfrieden und zwei Torhäusern bestehende Eckartsburg war für die Erbauer und nachfolgende Generationen von strategischer Bedeutung, da sie an der von Frankfurt/Main nach Breslau führenden Hohen Königsstraße (Via Regia) lag. Über die Jahrhunderte stattgehabte häufige Besitzerwechsel veränderten Wesen und Nutzung der von einer Mauer umschlossenen Burganlage mehrfach. Letzte Veränderungen lassen sich bis 1925 zurückverfolgen. Mit ihrer Aufnahme in die touristisch erfolgreiche „Straße der Romanik“ entwickelte sich die Burg mehr und mehr zu einer museal und gastronomisch attraktiven Anlaufstelle der Region. (Wegen anhaltender Sanierungsmaßnahmen ist das Innere der Burg aber seit 2020 für Besucher verschlossen.)

Seiten 32/33: Der Thüringer Landgraf und Kunstmäzen Hermann I. war Erbauer der heute noch vorhandenen Gemäuer der Eckartsburg.

FREYBURG
Die Neuenburg

Wein und Stein sind in Freyburg an der Unstrut über Jahrhunderte die wichtigsten Erwerbsgrundlagen gewesen. Wo es nur irgend möglich war, standen auf den der Sonne zugewandten Hängen Weinstöcke. Ende des 19. Jahrhundert vernichtete eine Schädlingsplage die Bestände. Mit immerhin 650 Hektar Rebfläche reiht sich die Gegenwart in die tausendjährige Tradition dieses nördlichsten Anbaugebietes qualitätsvoller Weine ein. Der Wärme speichernde Kalkstein dieser Gegend versorgt die Hänge von Saale und Unstrut mit dem für den Weinbau günstigen Mikroklima und einer Jahresmitteltemperatur von 9,4 Grad. „Eine Freude hatte ich: Meinen Wein in Naumburg. Das waren Stöcke, waren Trauben, eine Freude über die andere. Bloß die Treppe lang gehen und die blauen Gehänge ansehn und über die schöne Landschaft fühlen, das war schon ein Genuss“, schwärmte der Bildhauer, Maler und Grafiker Max Klinger (1857–1920). Das museal genutzte zweistöckige Ferienhaus des seinerzeit in Leipzig lebenden

Künstlers steht in Blicknähe zu Freyburg auf einem Weinberg, an dessen Fuß Saale und Unstrut sich vereinen. Der Freyburger Chronist Gottlob Traugott Gabler notierte zum gleichen Thema im Jahr 1836: „Als Flöz- und Übergangsgebirge sind sie der Kultur fähig, und belohnen den Aufwand, die Beharrlichkeit, Ausdauer und rege Betriebsamkeit der Winzer ... mit gutem, vortrefflichem Wein." Ohne Zweifel werden die landgräflichen Mundschenke bei den einheimischen Winzern dies und jenes Fass für die Herrschaft auf der Neuenburg geordert haben.

Von den verwertbaren Steinen dieser Gegend – es ist vorzugsweise Muschelkalk – sprechen auch Bildhauer unserer Tage in hohen Tönen. Dass deren Kollegen aus früheren Jahrhunderten dieses Material ebenso als vorzüglichen Werk- und Baustein zu schätzen wussten, lässt sich in der Region und darüber hinaus an Bauwerken, Denkmalen und künstlerischen Plastiken ablesen. Die als „kleiner Naumburger Dom" geltende Stadtkirche von Freyburg sei herausgehoben.

Seiten 40/41:
Hoch über Freyburg zieht die Neuenburg alle Blicke auf sich.

Hoch über Freyburg zieht die Neuenburg alle Blicke auf sich. Die landgräfliche Schwesterburg der Wartburg bei Eisenach wurde um 1090 von Ludwig dem Springer gegründet und der gesamte Komplex bis zirka 1230 prächtig ausgebaut. Zu Lebzeiten der thüringischen Landgräfin Elisabeth präsentierte sich die Burg auf einer umbauten Fläche von zirka 30.000 Quadratmetern. Die damit im Vergleich zur Wartburg dreimal größere Burganlage begrenzte und befestigte das Land gen Osten. Entstanden war so eine weitläufige Anlage mit repräsentativen Wohnbauten, mächtigen Türmen, gewaltigen Mauern und Toren. Sie konnte zahlreiche Funktionen erfüllen: Sie war militärisch befestigter Ort, Verwaltungssitz, hochadliger Lebensraum, Stein gewordene Repräsentation des fürstlichen Anspruchs ihrer Be-

Die Neuenburg Anfang der 1920er-Jahre.

sitzer und deren Macht sowie im Kontext der Reiseherrschaft Ort hochpolitischer Zusammenkünfte der landgräflichen Familie. Wie bedeutsam die Neuenburg für die Thüringer Landgrafen gewesen sein muss, verrät beispielsweise auch die Elisabeth-Biografie des Dietrich von Apolda: „Als der Landgraf (Ludwig IV.) nach vielen Monaten vom kaiserlichen Hof zurückgekehrt war, empfing das ganze Land seinen Fürsten mit unsagbar jubelnder Freude ... aber Elisabeth übertraf alle an Freundlichkeit. Als die Wirtschafter und Verwalter beim Fürsten Klage über ihre verschwenderischen Almosenspenden führten", soll er geantwortet haben: „Lasst sie Gutes tun und für Gott geben, was sie mag! Erhaltet meiner Herrschaft nur die Wartburg und Neuenburg!"

Den Reisenden unserer Tage empfiehlt sich die im 16. Jahrhundert zum Wohnschloss umgebaute Neuenburg als „Sachsen-Anhalts prachtvollstes Eingangstor in die Vergangenheit." Noch vor 40 Jahren wäre an derart noble Klassifizierung bestenfalls im Traum zu denken gewesen. Mit dem Erlöschen des landgräflichen Geschlechts der Ludowinger und im Resultat des davon ausgelösten Thüringischen Erbfolgekrieges (1247–1264) ereilte die Neuenburg ein ausgesprochen wechselhaftes Schicksal. Belagerungen, Eroberungen, Verwüstungen und Zerstörungen vermelden die Chroniken ebenso wie Versuche der wechselnden Besitzer, das Anwesen zu retten, wiederaufzubauen, beziehungsweise gemäß dem Anspruch der jeweiligen Zeit und Nutzer zu verändern.

„E Churf. Durchl. gebe ich untertänigst zu vernehmen, dass die Schlossgebäude allhier bei den bisherigen Kriegszeiten ... dermaßen ruiniert, dass kein Fenster, Ofen, Tor, Tür, Tisch, Bank, fast kein Brett ich geschweige ein Boden vorhanden, worauf man etwas von Getreide schütten könnte ...", heißt es in einem Schreiben des Amtmannes an seinen Herrn nach den Verwüstungen während des Dreißigjährigen Krieges im Jahr 1632. Als zu teuer und vielleicht auch als zu modern erwiesen sich Anregungen des Baumeisters Karl Friedrich Schinkel aus dem Jahr 1793, die monumentale Neuenburg bewusst als Ruine zu pflegen und nur den unverwechselbaren Bauteilen wie Doppelkapelle und Bergfried alle denkmalpflegerische Aufmerksamkeit zukommen zu lassen. Fehlender politischer Wille und mangelnde Finanzkraft ließen die Neuenburg bis in die jüngste Vergangenheit in einen nahezu hoffnungslosen Zustand versinken. 1970 hatte sich der Hausschwamm soweit ausgebreitet, dass die Sicherheit der Besucher absolut gefährdet war und die Burgtore verschlossen werden mussten. Als sich im Herbst 1989 eine Gruppe entschlossener Freyburger Bürger Zugang zur Burg verschaffte (wovon eine Dokumentation im Schlossmuseum in Bild und Text eindrucksvoll berichtet), befand sich kein einziger

Raum der Burg in einem nutzbaren Zustand. Seither flossen viele Millionen Mark und Euro in die sichtlich geglückte Rettung der Neuenburg. Die Doppelkapelle, schon Mitte des 19. Jahrhunderts von der Fachwelt eingestuft als das „vielleicht künstlerisch Vollendetste, was wir aus der ganzen Ornamentik des Mittelalters besitzen", wurde bereits 1992 wiedereröffnet. Als einziger von drei Türmen der Neuenburg im Mittelalter überstand der gerne auch als „Dicker Wilhelm" titulierte mächtige Bergfried alle Zeiten.

Neuenburg – oberer Raum der Doppelkapelle, wahrscheinlich erbaut 1170er-/1190er-Jahre.

GOSECK
Das Schloss

„Ermüdet von tausend Genüssen, die Natur und Kunst mir heute gaben, und gestimmt zu einer wunderbaren Heiterkeit sitze ich hier in einem hohen, gewölbten Gemach des alten Bergschlosses Goseck, wohin mich die Freundschaft des Besitzers rief und blicke gerührt nach der Gegend zurück ...", schrieb der Dichter Novalis während seines Besuchs auf Goseck am 5. Oktober 1791 an einen Freund. Friedrich von Hardenberg (1772–1801), wie der Dichter mit bürgerlichem Namen heißt, war vom nahen flachen Weißenfels auf die Gosecker Höhe gewandert. Der Blick auf die Gegend, auf die er „gerührt" schaute, reichte über die Saale bis nach Naumburg. Unter seinen Augen gewiss auch der das Landschaftsbild prägende „Dechantenberg". Auf diesen hatten seit 1041 im zur Burg gehörenden Kloster lebende Benediktiner einen Weinberg angelegt, der bis in die Gegenwart zu den erlesenen Weinlagen an Saale-Unstrut zählt. Was Novalis nicht gesehen haben kann, ist der von dem laut erhaltener Quittung im Frühjahr 1859 von einer Erfurter Gärtnerfirma gelieferte Gingkobaum. Inzwischen über 170 Jahre alt, ist er der grüne Star des Innenhofes von Schloss Goseck.

Erstmals erwähnt wurde die Burg Ende des 9. Jahrhunderts im Hersfelder Zehntverzeichnis. Im Jahr 1000 ging die Burg in den Besitz des Pfalzgrafen Friedrich I. von Sachsen über. Dieser ließ die Kapelle St. Simeon als Grablege seines Geschlechts errichten. 1046 wurde die Krypta der Klosterkirche geweiht und 1053 erfolgte die Weihe der großen dreischiffigen Basilika. 1540 wurde das Kloster säkularisiert. Wie vielerorts führten häufige Besitzerwechsel auch hier zu Umbauten. Das letztlich daraus gewordene Renaissanceschloss erleben die Besucher unserer Tage. In der mehrfach umgebauten Schlosskirche sind mit Vierung, Chor und Krypta noch Bauteile aus der Romanik sichtbar.

Nach Ende des Zweiten Weltkrieges wurden Schloss und die zugehörigen Wohn- und Wirtschaftsgebäude als Wohnung für damals sogenannte „Umsiedler",

---

Seiten 50/51:
Schloss Goseck mit über 170-jährigem Gingkobaum

aber auch als Oberschule und Jugendherberge genutzt. Mit der Übernahme der Anlage durch die Stiftung Dome und Schlösser in Sachsen-Anhalt im Jahr 1997 begannen auch die Notsicherungen und Sanierungen an dem teils vernachlässigten Bauensemble. Im Schloss hat das „Musik- und Kulturzentrum" ein im wahrsten Wortsinne klingendes Domizil gefunden. Ein kulturgeschichtliches Museum und das Informationszentrum zu dem nur 1,5 Kilometer entfernten, 7.000 Jahre alten Sonnenobservatorium Goseck, vervollkommnen das touristisch interessante Angebot.

Lithographie von Schloss Goseck um 1850

HAYNSBURG
Die Haynsburg

Die Haynsburg überragt den zwischen Zeitz und dem thüringischen Eisenberg zu findenden gleichnamigen Ort. Unter allen in diesem Büchlein zu entdeckenden Burgen ist die in ihrer Baugeschichte bis in das 12. Jahrhundert zurückreichende Haynsburg die einzige mit einem wundersam klingenden Alleinstellungsmerkmal: dem Butterfassturm. Vom Tal aus, durch das der Elsterradweg verläuft, ist dieses seltene Gebilde eines Bergfrieds nicht auszumachen. Man muss schon den einigermaßen steilen Anstieg nehmen und die große Hofdurchfahrt hindurch bis nahe an die Kernburg gehen, um zu sehen, was es mit der von Fachleuten wie folgt beschriebenen Fassform auf sich hat: „Als Butterfass bezeichnet man einen runden, fassförmigen kleinen und im Durchmesser reduzierten Aufsatz auf einen vorhandenen Turm."
In Haynsburg wurde der freistehende romanische

Seiten 54/55:
Burg Haynsburg lädt heutzutage Gäste ein.

Bergfried (etwa 12 Meter hoch) vermutlich im 14. Jahrhundert in seiner Höhe reduziert und um den heute zu sehenden schmaleren Aufsatz mit steinerner Spitzkegelhaube „aufgestockt". Als nunmehriger „Butterfassturm" ist er rund 24 Meter hoch. Der ältere Teil weist einen Durchmesser von 12,80 Meter und eine Mauerstärke von 4,20 Meter auf. Der Kampfwert einer solchermaßen veränderten Burg hat durch diese Ergänzung kaum zugenommen, wohl aber verschaffte er den Burgverteidigern einen erhöhten und somit etwas verbesserten Ausguck.
Ab dem 15. Jahrhundert wurde die Burg mit ihren in der Vorburg unregelmäßig angeordneten Wirtschaftsgebäuden landwirtschaftlich genutzt. In der alten Burgküche der sanierten und teilweise zu besichtigenden Haynsburg lädt eine Burgschänke dazu ein, „Leckereien aus den Tälern und von den Hängen der Elster, Saale und Unstrut" zu genießen.

Der Burgturm der Haynsburg ähnelt in seiner Form einem Butterfass.

KANNAWURF
Das Schloss

Das leider viel zu beliebig verwendete Wort „Geheimtipp“ hat, wenn von Schloss Kannawurf zu reden ist, tatsächlich seine Berechtigung. Das 1221 erstmals urkundlich erwähnte Dorf Kannawurf liegt am Nordrand des Thüringer Beckens, im Flusstal von Unstrut und Wipper. Das anstelle einer mittelalterlichen Wasserburg zwischen den Jahren 1560 und 1570 errichtete Renaissanceschloss besticht den Besucher nicht mit Gold, Marmor und anderen schlosstypischen Merkmalen, sondern eher mit dem Glanzlosigkeit ausstrahlenden Gegenteil.
Die dreigeschossige, massiv aus Kalksteinen und Travertin gemauerte Dreiflügelanlage gruppiert sich um einen fast quadratischen Innenhof. Die vierte Seite schließt eine Schildmauer und ein begehbarer Rundturm mit vorkragender, überdachter Holzgalerie. Die Fassaden der jeweils rund 40 Meter langen Flü-

Turm und Laubengang im Kunst- und Kulturschloss Kannawurf

gel gliedern Fenster mit Natursteingewänden unterschiedlichen Formats. Die Dachflächen zieren markante Zwerchhäuser, mehrere Türme verstärken den insgesamt wehrhaften Eindruck der Anlage. Innen

Das Renaissance-Schloss Kannawurf

hat sich weitgehend die originale Raumstruktur aus der zweiten Hälfte des 16. Jahrhunderts erhalten. Der einstige Rittersaal im ersten Obergeschoss des Nordflügels vermittelt mit erhaltenen Ornamenten, Ranken und Blüten Reste früherer Repräsentanz. Dass das Schloss seit Beginn unseres Jahrtausends nicht

nur vor dem Verfall gerettet wurde, sondern inzwischen als Kunst- und Kulturschloss überregional von sich reden macht, ist dem Engagement vieler Enthusiasten zu danken, die sich in Vereinen zusammengefunden haben. Sehenswert ist die Rekonstruktion eines Renaissancegartens nach Plänen aus der „Gartenordnung" des örtlichen Pfarrers Johann Peschel von 1597. Ein dem Ganzen angemessenes modernes Besucherzentrum ist im Entstehen.

LODERSLEBEN
Das Schloss

Gelegen im südlichen Sachsen-Anhalt an der touristischen „Straße der Romanik“, durchwoben von viel Grün und berührt vom Bächlein Querne erhebt sich

aus den Weiten des Unstruttals das Dorf Lodersleben. Passiert man in dem Ort die Straße des Friedens bergauf, dann hat man am Ende derselben mit Kirche und Friedhof, mit Schloss und Schlosspark, mit

Barockschloss Lodersleben

Kaiserdenkmal und Heimatstube alles vor Augen, was von der über 1.000-jährigen Geschichte des heutigen Ortsteiles von Querfurt erzählt.
Wichtig für dieses Büchlein ist das in barocker Form und heller Farbe erstrahlende Schloss. Es wurde im Jahr 1740 durch die Familie Danckelmann in Auftrag gegeben, und von einem Baumeister namens David Schatz ausgeführt. Als die letzten Besitzer des Schlosses mit dem Ende des Zweiten Weltkrieges 1945 das Anwesen fluchtartig verlassen hatten, diente es zunächst als Flüchtlingsunterkunft und bis in die 1970er-Jahre als Schule. Seit 1997 restaurierten Privatiers das lange schon vor sich hin dümpelnde, aber in seinen Grundstrukturen unzerstörte Bauwerk, vom Dach bis zum Kellergewölbe. Als Hotel, als Tagungs- Feier- und Hochzeitsort im ganz besonderen Ambiente gehört es nunmehr zu den Anziehungspunkten der Region und darüber hinaus.

MERSEBURG
Das Dom- & Schlossensemble

Der Maler und Autor Wilhelm von Kügelgen (1802–1867) war mit gerade einmal 15 Jahren zu Gast auf Schloss Merseburg. In späteren Erinnerungen daran notierte er unter anderem: „auf einer Fensterbank ein derbes altes Buch“ gesehen und darin gelesen zu haben. „Es waren wunderliche Geschichten, für deren Wahrheit ich nicht einstehen möchte, dazumal aber glaubte ich alles, weil das Buch so ernst und fromm war.“ Was er da in den Händen hielt, ist eine von Bischof Thietmar von Merseburg verfasste Chronik. Begonnen im Jahr 1012 und bis zu seinem Tod 1018 von ihm geführt, umspannt das Gesamtwerk acht Bücher sehr unterschiedlichen Umfangs. Über Merseburg als Königspfalz, Bistumsstadt und Handelsstadt in mittelalterlicher und ottonischer Zeit wüssten wir ohne diese Bücher nicht, was darüber heutiger Wissensstand ist. Was den Historikern diese Chronik, sind den Germanisten die „Merseburger Zaubersprüche“ – eine vermutlich im 9. oder 10. Jahrhundert in althochdeutscher Alltagssprache niedergeschriebenes Blatt mit kurzen Sprüchen aus der Welt des Wissens im frühen Mittelalter, aber auch aus der des Aberglaubens jener Zeit. Einer davon betrifft die Heilung einer Fußverletzung beim Pferd. Als der Sprachforscher und Märchensammler Jacob Grimm die in der Merseburger Domstiftsbibliothek schlummernden Sprüche 1841 zu Gesicht bekam, würdigte er sie als einen Fund, dem „die berühmtesten Bibliotheken nichts an die Seite zu setzen haben".

Phol und Wotan ritten in das Gehölz.
Da wurde dem Balders-Fohlen sein Fuß verrenkt.
Da besprach ihn Sinthgunt und Sunna, ihre Schwester;
da besprach ihn Frija und Volla, ihre Schwester;
da besprach ihn Wotan, der es wohl verstand:
Wie Beinverrenkung, so Blutverrenkung,
so Gliederverrenkung:
Bein zu Bein, Blut zu Blut,
Glied zu Gliedern, wie geleimt sollen sie sein!

Zweiter Merseburger Zauberspruch, gefunden in der Merseburger Bibliothek des Domkapitels. Ursprung 9. Jhd.

Die über 1000 Jahre alte Dom- und Hochschulstadt an der Saale, über deren linkem Hochufer sich der vom Dom- und Schlossensemble gekrönte Domhügel erstreckt, war schon in vorgeschichtlicher Zeit besiedelt und teilweise auch befestigt. Zur Zeit Heinrichs I. war das an der Grenze zu den Slawen liegende Merseburg von strategischer Bedeutung, einige Jahrhunderte genoss Merseburg unter den deutschen Königspfalzen einen besonderen Ruf. Gegen Ende des 12. Jahrhunderts begann sich auf der anderen Seite des Saaleufers die Neustadt zu entwickeln – erstmals werden die Neumarktkirche und eine Brücke über den Fluss erwähnt. Bis in die Mitte des 14. Jahrhunderts blieb Merseburg ein wichtiger Handelsort; danach übernahm diese Funktion das günstiger gelegenere, von den Wettinern zielstrebig geförderte Leipzig. Im Laufe der Reformation und des Bauernkrieges verfassten Bürger und Bauern die sogenannten „16 Merseburger Artikel“ und zwangen den amtierenden Bischof zur Flucht. 1543 wurde an

---

Seiten 68/69: Das Merseburger Schloss mit den Spitzen des Doms im Hintergrund.

der Stadtkirche zum ersten Mal ein evangelischer Pfarrer berufen. Am 1. August 1545 erhob Martin Luther auf dem Schloss den Domherren Georg von Anhalt zum ersten evangelischen Bischof, tags darauf predigte er im Dom (Gedenktafel).

Das siebentürmige Merseburger Dom- und Schlossensemble mit seinen ins frühe 11. Jahrhundert reichenden baulichen Ursprüngen bildet einen architektonischen Schatz. Im 15./16. Jahrhundert entstand der riesige vierseitige Baukomplex aus Kathedrale und bischöflicher Residenz. Erneuerungsmaßnahmen im Stil der Renaissance vollendeten die sich heute zeigende bauliche Gestalt des Schlosses.

Die Geschichte des Merseburger Dom- und Schlossensembles wird in der Dauerausstellung des Kulturhistorischen Museums im Schloss lebendig dargestellt. Speziell die Merseburger Pfalz- und Bistumsgeschichte wird dabei im Spiegel der oben erwähnten Chronik Thietmars von Merseburg vorgestellt. In die Ausstellungspräsentation einbezogen ist auch der älteste erhaltene Schlossbereich, der große Gewölbekeller des Kernbaus aus der Mitte des 13. Jahrhunderts.

QUERFURT
Die Filmburg

Rollt man mit dem Auto auf der Landstraße auf das sachsen-anhaltinische Querfurt zu, zeigt sich ab etwa einem Kilometer vor dem Ortseingang die das Stadtbild beherrschende Burg in voller Größe und Schönheit. Errichtet im 10. Jahrhundert auf der flachwelligen Querfurter Platte, dominiert die aus einer fränkischen Gründung hervorgegangene Befestigungsanlage klar den Horizont. Bereits ein kurzes Innehalten aus Fernglasdistanz macht ersichtlich, dass es sich hier um die größte und älteste Burg an der touristischen „Straße der Romanik“ handelt. Spezialisten vor Ort machen die Größe der Querfurter Burg gern mit dem Vergleich deutlich, dass die thüringische Wartburg bei Eisenach hier siebenmal hineinpassen würde. Spaziert man durch die Talrandburg und betrachtet Teile des Inneren der von Bergfried, Wohnturm und dem spitzen Dach der Burgkapelle gekrönten Anlage, offenbart sich das Ganze nicht weniger imposant als aus der Ferne. Dass eine solch beeindruckende, gut erhaltene Burgenkulisse den Location-Spähern für diverse Kino- und Fernsehfilme nicht verborgen blieb, ist da nur folgerichtig. Dem jahrhundertelangen Stammsitz des mit dem sächsischen Kaiser verwandten Adels-

geschlechtes der Edlen Herren von Querfurt brachte dies den Beinamen „Filmburg“ (Der Medicus, Die Päpstin) ein. Mit dem Aussterben der Hauptlinie des Querfurter Adelsgeschlechtes zum Ende des 15. Jahrhunderts war die Burg von stetigen Besitzerwechseln und damit einhergehenden unterschiedlichen Nutzungen geprägt. Herzogliche Teilresidenz, landwirtschaftliche Domäne, Ort für Verwaltung und Wohnen seien als die wichtigsten Funktionen der Burg über die Zeiten genannt. Hinter den oft dicken Mauern der einzelnen Gebäude wird in der Gegenwart zu musealen

Die größte und älteste Burg an der touristischen „Straße der Romanik“ – Burg Querfurt.

Entdeckungen ebenso eingeladen wie zum Verweilen in gastronomischer Umgebung.
An den Ausläufern des Burgberges breitet sich die aus einem Burgflecken gewachsene Kleinstadt Querfurt aus. Deren Namen könnte sich aus dem Bach „Querne“ herleiten, der beim nahegelegenen Ziegelroda beginnt (Furt über die Querne). Die vom Barock geprägte Altstadt wurde in den letzten Jahrzehnten zum Besten saniert. Auf dem Marktplatz verweist nahe am spätgotischen Rathaus ein neuzeitlicher Brunnen auf den wohl berühmtesten Querfurter Burgherrn, den gebildeten Brun von Querfurt. Der um 974 in Querfurt geborene und im März 1009 ermordete Mann machte als Politiker, Bischof und Missionar von sich reden. Ihm zu Ehren wurde im 12. Jahrhundert die Querfurter Burgkapelle errichtet.

SACHSENBURG

Die Obere & Untere Sachsenburg

Es ist nahezu egal aus welcher Himmelsrichtung man sich dem Ort Sachsenburg nähert – an den zwei quadratischen, jeweils um 20 Meter hohen Bergfrieden der nur noch ruinös erhaltenen Sachsenburgen führt kein Blick vorbei. Schaut man von der Oberen Burg aus ins Unstruttal, lässt sich der Entstehungsgrund der Burgen gut nachvollziehen. Das als Thüringer Pforte bezeichnete Gebiet bei Oldisleben/ Sachsenburg, wo die Unstrut die Höhenzüge Hainleite und Schmücke durchbricht, war in alten Zeiten ein strategisch bedeutsamer Punkt. Hier, wo in der Nähe Rohstoffe wie Salz, Kupfer und Silber abgebaut wurden, verlief eine den Südharz mit dem Thüringer Becken verbindende Handelsstraße. Deren Sicherung war notwendig und versprach auch eine lukrative Einnahmequelle. So entstanden zwischen den Jahren 1250 und 1350 auf dem Areal des über Sachsenburg sich erhebenden Wächterberges in nur 500 Meter Abstand die Obere und die Untere Sachsenburg.

Die auch Hakenburg genannte Untere Burg wurde von den Wettinern rund zwei Jahrhunderte als Amtssitz genutzt, Ende des 18. Jahrhunderts aber aufgegeben. Alsbald wurde die bereits von Baufälligkeit

gezeichnete Anlage zum Abbruch freigegeben. Ende des Zweiten Weltkrieges sprengte die Wehrmacht die Burg, um aus dem Material im Tal eine Panzersperre zu errichten.

Die Obere Sachsenburg war bereits um 1700 zur Ruine geworden. Erhalten haben sich neben dem Bergfried die Außenwände des dreigeschossigen Wohnbaus. Wie bei gleichartigen anderen Anlagen, führte die allgemeine Burgenromantik des 19. Jahrhunderts auch hier zur Eröffnung eines Ausflugslokals, das aber nicht mehr existiert.

Die Obere Sachsenburg war bereits um 1700 eine Ruine.

SCHÖNBURG
Die Burg im gleichnamigen Ort

„Vivat Schönburg“. Dieser Hochruf ist auf einer Tafel zu lesen, welche an der mittelalterlichen Ringmauer publikumswirksam angebracht ist. Unter der

Jahreszahl 1985 folgen sodann mehrere mit Dipl.-Ing. und Dr.-Titel gezierte Namen. Dieses in Stein gemeißelte Aufmerksamkeitszeichen erinnert daran, dass die Burg über alle geschichtlichen Hochs und Tiefs hinweg nie ganz dem totalen Verfall preisgegeben war. Wer sich die Mühe macht, vom ortsnahen Ufer der Saale den steilen Burgfelsen zu erklimmen, der kommt Schritt für Schritt einem wahrlichen Kleinod der Region näher. Noch ehe man das rundbogige Torhaus mit seinen Vorrichtungen für Fallgatter und Zugbrücke durchläuft, zeigen von Familien in jüngsten Jahren gepflanzte Weinstöcke an, dass man sich in eben der Saale-Unstrut-Weinregion

Erstmals 1137 urkundlich erwähnt – die Schönburg.

An der Schönburg

befindet. Auch Brautpaare, die sich auf Schönburg trauen lassen und hier feiern, beteiligen sich an diesem Brauch.

Die erste urkundliche Erwähnung der Burg als damals noch „Sconenberg", geht auf das Jahr 1137 zurück. Von dem mittelalterlichen Bau sind neben dem bereits erwähnten Torhaus und der Ringmauer Teile des Palas sowie der über 30 Meter hohe Bergfried erhalten. In dem 1539/40 für eine Försterei errichteten Gebäude werden heute die Besucher einer Burgschänke bewirtet. Ein architektonisches Achtungszeichen der Gegenwart setzt im Burghof ein weithin gläserner Bau. Von der Schönburg offenbart sich ein Panoramablick ins Saaletal bis nach Naumburg.

VITZENBURG
Das Ensemble Schloss & Schlossberg

Das Ensemble von Schloss und dem bis in die Gegenwart zum Weinanbau genutzten Schlossberg Vitzenburg in seiner mächtigen Größe wahrzunehmen, gelingt am besten von der gegenüberliegenden Stadt Nebra aus.

Schloss Vitzenburg zwischen 1857 und 1883

Stehend auf der an einem steilen Talhang über der Unstrut erbauten Stadt, befindet sich der Betrachter quasi auf Augenhöhe mit dem seit zwei Jahrzehnten verschlossenen Schloss Vitzenburg.

Von Nebra aus lassen sich räumliche Ausdehnungen erahnen und Einiges von der über die Jahrhunderte gewachsenen architektonischen Vielfalt des Anwesens ablesen.
Im 9. Jahrhundert erstmals urkundlich erwähnt, ließen sich von den damaligen Baulichkeiten bislang keine Spuren finden. Gleiches gilt für das hier im ausgehenden 10. Jahrhundert gegründete Kloster. Was sich heute dem Betrachter vor allem zeigt sind Baulichkeiten einer großen Umbauphase Mitte des 19. Jahrhunderts in Formen von Neorenaissance und Neobarock. (Für die erfolgreichen Kinofilme „Bibi und Tina" wurden im Schloss mehrere Szenen gedreht.)
In der Nähe des Haupteingangs zum Schloss vermittelt eine Informationstafel Daten zur Schlosschronik und zeigt einen Lageplan aus den 1930er-Jahren. Der ursprünglich zum Schloss gehörige Park, die Weinberge sowie der darinstehende barocke Gartenpavillon liegen außerhalb des Schlossareals und sind nach Anmeldung zu besichtigen.

Wappen an Schloss Vitzenburg

WEISSENFELS
Schloss Neu-Augustusburg

Weißenfels, so sagen Städtenamenforscher, sei ein typischer hochmittelalterlicher Burgname. Für unsere Zeit formuliert: „zur weißen, hell leuchtenden Felsenburg". Im Geländeareal dieser im Dreißigjährigen Krieg zerstörten Burg wurde am 25. Juli 1660 der Grundstein für das heutige Schloss Neu-Augustusburg gelegt. Johann Adolf I. von Sachsen-Weißenfels bezog 1680 nach dem Ableben seines Vaters als neuer und erster Herzog das noch unfertige Schloss und ließ es während der folgenden 13 Jahre vollenden. Die Baukonzeption stammte von dem fürstlich-sächsischen Landbaumeister Johann Moritz Richter, der Spuren seiner Arbeit bereits in Weimar und Gotha hinterlassen hatte. Nach dessen Tod (1667) übernahm sein gleichnamiger Sohn den Auftrag. Was beide mit dieser stattlichen Dreiflügel-Anlage geschaffen hatten, gilt heute als eine der größten frühbarocken Schlossbauten in Mitteldeutschland. Von außen als solche nicht erkennbar, wurde im Nordflügel geschickt die Schlosskirche St. Trinitatis eingebaut. Im Inneren ist der weitgehend im Original erhaltene Kirchenraum ein Juwel. Unter dem Altar der Kirche befindet sich die zu besichtigende Familiengruft der Herzöge zu Sachsen-Weißenfels mit prunkvoll verzierten Zinn- und Holzsarkophagen. Als Residenz der kursächsischen Nebenlinie Sachsen-Weißenfels diente das Schloss bis 1746. Dies war die Zeit, da sich Schloss Neu-Augustusburg auch zu

Schloss Neu-Augustusburg

Schlosskirche St. Trinitatis

einer weithin anerkannten kulturellen Hochburg entwickeln konnte. Einige der hier versammelten und wirkenden großen Namen präsentieren den Besucher bereits im Schlosshof angebrachte Gedenktafeln. Die Musiker Heinrich Schütz, Johann Sebastian Bach, Johann Beer und Johann Philipp Krieger seien ebenso erwähnt wie der später weltberühmte Komponist Georg Friedrich Händel, dessen Entdeckung als musikalisches Talent auf einen Weißenfelser Herzog zurückgehen soll. Die Schauspielerin und Bühnenreformerin Caroline Neubert (genannt „die Neuberin"), begann in dem im Südflügel des Schlosses integrierten Komödiensaal ihre Theaterlaufbahn. Ab 1815 gehörte das Schloss zu Preußen – wechselnde Nutzungen mit teils erheblichen baulichen Eingriffen waren die Folge. Das sich seit 1993 peu à peu in der Sanierung befindende Schloss wird heute hauptsächlich museal genutzt. Neben einer Ausstellung zu dem bis in die 1990er-Jahre in Weißenfels „tonangebenden" Schuhhandwerk ist auch eine Ausstellung zur Stadtgeschichte zu sehen. Ein weiter Blick über die Stadt Weißenfels, die an einem für Handel und Verkehr strategisch wichtigen Saaleübergang entstanden war, ist von der Schlossterrasse möglich. Zur Stadt gehören auch die Dörfer Burgwerben und Kriechau, in denen Winzer seit Jahrhunderten ein gutes Tröpfchen in die Flaschen bringen.

ZEITZ
Schloss Moritzburg mit Dom & Stiftsbibliothek

„Zeitz hat vor anderen Orten das Vorrecht, dass es Luthers Samen und leibliche Nachkommen als ein Eigentum fast alleinig besitzt und in sich heget." Dies meinte im Jahr 1733 M. David Richter in der „Genealogia Lutherorum", und dies wird dem Luther-Spurensucher heute nicht anders vermittelt, nur, dass hier inzwischen Nachfahren des Reformators in der 14. Generation anzutreffen sind. Einer von ihnen, der 1686 in Erfurt geborene, und 1742 in Zeitz verstorbene Friedrich Martin Luther war über lange Zeit Bürgermeister der sachsen-anhaltinischen Stadt und hat so direkten Anteil an der an zahlreichen Sehenswürdigkeiten ablesbaren 1000-jährigen Geschichte von Zeitz. Aus einer slawischen Ansiedlung entstanden, wurde die an der Weißen Elster sich ausbreitende und an den Schlossberg sich anschmiegende Stadt erstmals im Jahre 967 urkundlich erwähnt. Überregionale wirtschaftliche Bedeutung erlangte die Stadt ab der Mitte des 19. Jahrhunderts u. a. mit der Herstellung von Kinderwagen, woran ein einzigartiges Museum erinnert. Auf dem Grundstück Messerschmiedestraße 22 stand bis 1888 das Geburtshaus von Anna Magdalena, der zweiten Frau Johann Sebastian Bachs. Vom 52 Meter hohen Turm des 500 Jahre alten Rathauses lässt sich die an der „Straße der Romanik" angeschlossene Stadt gut erfassen. Ist das Wetter entsprechend, langt der Blick bis zum Völkerschlachtdenkmal im nahen Leipzig.

Die auf einem Geländesporn der Elsteraue erbaute Bischofsburg wurde im Dreißigjährigen Krieg zerstört. Vermutlich an ihrer Stelle ließen die Herzöge von Sachsen-Zeitz ab dem Jahr 1657 Schloss Moritzburg errichten. Unter ihrem Einfluss wurde auch der Dom mit seiner ottonischen Krypta zur Schlosskirche umgebaut. Das barockisierte Gotteshaus wurde teilweise in Proportion zur Wohnbebauung gebracht. Man denke sich im Inneren die barocke Ausstattung und die Fürstenloge weg, dann hat man in etwa ein Bild vom Dom zur Lutherzeit. Im

---

Seiten 86/87: Schloss Moritzburg in Zeitz beherbergt im Torhaus die bedeutende Zeitzer Stiftsbibliothek.

Torhaus der Moritzburg befindet sich die bedeutende Zeitzer Stiftsbibliothek. Deren Bestand umfasst mehr als 150 mittelalterliche und 500 frühneuzeitliche Handschriften, 350 Urkunden, 400 Inkunabeln sowie zirka 20.000 Bücher – darunter Schriften und Werke von Martin Luther und Philipp Melanchthon in seltenen Ausgaben.

Für den architektonisch geglückten Wandel von der Burg zum frühbarocken Schlossensemble zeichnete der in weimarischen Diensten stehende fürstlich-sächsische Landbaumeister Moritz Richter, und nach dessen Tod sein Sohn Johann Moritz verantwortlich. Um 1678 war der Bau der Residenz der Herzöge von Sachsen-Zeitz, wie sie sich bis heute zeigt, abgeschlossen.

LITERATUR

Georg Dehio: Handbuch der Deutschen Kunstdenkmäler, Sachsen-Anhalt Band I (1990) und Band II (1999), Deutscher Kunstverlag München, Berlin

Georg Dehio: Handbuch der Deutschen Kunstdenkmäler, Thüringen, Deutscher Kunstverlag München, Berlin 2003.

MONUMENTE edition „Romanik in Sachsen-Anhalt; Deutsche Stiftung Denkmalschutz, Bonn 2001.

Fred Oberhauser und Axel Kahrs: Literarischer Führer Deutschland; Insel Verlag, Frankfurt/Main und Leipzig 2008.

Heinz Stade: Die Fürstin der Armen – Reisen zur Heiligen Elisabeth, Verlag Thüringer Allgemeine, Erfurt 2007.

Wörterbuch der Burgen, Schlösser und Festungen, Reclam Verlag, Stuttgart 2004.

Eichler / Walther: Städtenamenbuch der DDR; Bibliographisches Institut, Leipzig 1988.

Gerlinde Schlenker, Jürgen Laubner: Die Saale – Porträt einer Kulturlandschaft; Koehler & Amelang, Berlin / München 1996.

Detlef Ignasiak: An der Saale und im Holzland; quartus Verlag, Jena 1997.

Die Rhino-Westentaschen-Bibliothek

Frühjahr 2024

RHINOVERLAG